**RAFAELA SALES
RODRIGO CRUZ**

CHEGA DE BLÁ-BLÁ-BLÁ!

Copyright© 2022 by Literare Books International
Todos os direitos desta edição são reservados à Literare Books International.

Presidente:
Mauricio Sita

Vice-presidente:
Alessandra Ksenhuck

Diretora executiva:
Julyana Rosa

Diretora de projetos:
Gleide Santos

Capa:
Candido Ferreira Jr.

Diagramação e projeto gráfico:
Gabriel Uchima

Revisão:
Ivani Rezende

Relacionamento com o cliente:
Claudia Pires

Impressão:
Gráfica Paym

Dados Internacionais de Catalogação na Publicação (CIP)
(eDOC BRASIL, Belo Horizonte/MG)

S163c Sales, Rafaela.
Chega de blá-blá-blá / Rafaela Sales, Rodrigo Cruz. – São Paulo, SP: Literare Books International, 2022.
14 x 21 cm

ISBN 978-65-5922-320-6

1. Literatura de não-ficção. 2. Oratória. 3. Comunicação. I. Cruz, Rodrigo. II. Título.

CDD 808.51

Elaborado por Maurício Amormino Júnior – CRB6/2422

Literare Books International.
Rua Antônio Augusto Covello, 472 – Vila Mariana – São Paulo, SP.
CEP 01550-060
Fone: +55 (0**11) 2659-0968
site: www.literarebooks.com.br
e-mail: literare@literarebooks.com.br

PREFÁCIO

Afinal, o que é nossa voz? Tendo em mãos o brilhante livro, que você terá acesso após este prefácio, podemos entender que o poder da voz não se dá apenas na altura que escolhemos projetar nossas frases, mas sim numa série de cuidados e técnicas que você irá perceber através do estudo apresentado no livro.

Rafaela Sales e Rodrigo Cruz nos presenteiam com o tal "pulo do gato", ao nos fazer entender que o Poder da fala é também o Poder da escuta. – Pra ser um bom orador é necessário ser um bom ouvinte.

Hoje é preciso entregar, além do seu conteúdo, o diferencial, que só uma linguagem corporal e um treinamento vocal bem executado podem te destacar.

No ramo das palestras há mais de 20 anos, aprendi que a voz é o mais importante quando se trata de transmitir suas emoções: numa entonação certa você passa confiança e certeza, numa entonação errada, desconforto e medo. O cuidado vocal não envolve somente técnicas, mas sim o cuidado emocional. Para que nossa voz seja ouvida, é imprescindível que nossa voz interior também seja escutada e entendida. O cuidado com os nossos sentimentos é o equilíbrio para que possamos ser, além de ótimos coaches e palestrantes, bons humanos.

Nossas responsabilidades como porta-vozes não é passar tudo que adquirimos em anos de estudo e conhecimento de uma maneira mecanizada, mas sim humanizada. É trazer ao nosso público-alvo os mecanismos que o levem ao sucesso. Com um *mindset* transformador, trazemos o significado de esforço para o nosso dia a dia por meio de pequenas atitudes que logo alcançam o êxito em todos os aspectos das nossas vidas tanto pessoais quanto profissionais.

Afinal, o que é nossa voz?

É o poder da mudança.

É o instrumento que move o mundo.

Use-a com sabedoria, escute-a com clareza.

Silvia Patriani,
Mentora de palestrantes.

APRESENTAÇÃO - RAFAELA SALES

Imagine aquela criança extrovertida, comunicativa, espontânea, que ama pessoas e adora ser reconhecida, não ter voz nem vez! Mas sempre muito esperta, não desistia. Enfrentava os medos de ser rejeitada e julgada, encontrava maneiras de chamar a atenção de todos. O que essa dualidade pode gerar de consequências na vida dela? Sim, positivas e negativas. Para entender mais sobre o assunto, buscou se conhecer mais. Com o autoconhecimento, veio o resgate do que ouvia muito na infância: "essa menina sempre foi chorona", "não tem quem aguente esses gritos", "você é gasguita", "fale direito", "não termina de ler um livro", "leia só para você", "você não canta, grita e ainda não sabe uma letra de música", "fale baixo, eu já estou te escutando"...

E assim foram as vozes internas que se instalaram por repetição do mundo externo em seu cérebro, fazendo com que as apresentações de trabalho em sala de aula fossem sempre um tormento e muitas vezes excluída por amigos e professores, que duraram mais de trinta anos.

Já consegue imaginar o quanto ela sofria com todas essas experiências?

Foi desafiador. Nas indecisões do que fazer, na época do vestibular, ela só tinha uma certeza: trabalhar ajudando pessoas a serem felizes e terem sucesso. Então, decidiu fazer o curso de fonoaudiologia, que trabalha com comunicação. Teve os mesmos receios, mas a maturidade foi ajudando a ir superando, treinando e enfrentando, aprendeu muito com a bagagem da formação para se sentir mais capaz de usar a comunicação a seu favor.

Passou na seleção para ser professora do curso de graduação de fonoaudiologia da Universidade Potiguar, deu aula na pós-graduação de Motricidade Orofacial, na graduação do curso de odontologia, sempre sendo convidada para ministrar palestras, dando sim às oportunidades, sentindo-se mais confiante e com a certeza de que dava o seu melhor.

Será que é a mesma pessoa?

Ela era persistente, se preparava, estudava muito o conteúdo, técnicas de oratória, pedia ajuda a outros profissionais, tinha o propósito de vida claro e seguia firme. Em 2013, foi a sua virada de chave, conheceu a metodologia do Coaching Integral Sistêmico e aplicou ferramentas (exercícios/técnicas), que trouxe a clareza de todas as verdades (crenças) que viu, ouviu e sentiu na sua infância, o quanto trouxe de traumas e focou na real solução para restaurar essas crenças e potencializar suas habilidades, principalmente a inteligência emocional.

E aí veio um baque. Tudo foi sendo jogado por água abaixo. Parecia que nunca havia falado em público, era um pavor, suadeira, tremedeira, parecia que não ia sair nada. Com isso, mais uma vez trabalhou sua comunicação, performance, crenças e conseguiu retomar os trabalhos de lidar com o público. O peso foi sendo amenizado, amigos e conhecidos nem imaginavam essa dor e mostravam o quanto ela tinha potencial, experiências e conteúdo para multiplicar e quantas pessoas precisavam de seus produtos e serviços por serem essenciais. Dessa vez, a voz foi diferente. "Você tem o dom de falar com pessoas", "Amo ver os seus vídeos nas redes sociais". Acreditando, seguiu mais uma vez. Então, enfrentou a seleção para ser treinadora da maior Instituição de coaching do mundo, a Febracis. Foi aprovada e teve a real certeza do poder que já havia ou tinha dentro de si. Criou asas e voou.

Hoje ela atua 100% como comunicadora, usando a voz a seu favor, ajudando milhares de pessoas e empresas com a metodologia que desenvolveu para dar ainda mais suporte e desenvolver o cliente como um todo - Método Sim & Sim, o método dos vencedores. E com todo esse crescimento e desenvolvimento, veio à tona o desejo de ser escritora. Ao conversar com o parceiro e amigo Rodrigo Cruz, firmaram a parceria, plantaram a semente, semearam, regaram e hoje está partilhando este grande fruto com você.

E quem será a autora desta história? É quem está aqui contribuindo com seu conhecimento, Rafaela Sales.

APRESENTAÇÃO - RODRIGO CRUZ

Desde muito jovem, descobri que a comunicação é a base do sucesso. Aos 15 anos, escrevi meu primeiro livro. Aos 17, atuando como vocalista de uma banda de rock, comecei a produzir eventos, pois ninguém nos contratava. Aos 18, criei um site de música para dar espaço à minha banda e as dos amigos, já que a mídia não dava bola. Os anos passaram e vi o meu site - o RockPotiguar - tornar-se referência nacional em cobertura de shows, resenha de CDs, entrevistas e matérias. Ao mesmo tempo, tornei-me um promotor de eventos e de bandas, tendo a oportunidade de ter trabalhado em todo o Brasil com bandas que sempre fui fã, como Biquini Cavadão, Detonautas, Lobão, Leno, dentre outros. Isso tudo conciliando com a faculdade de publicidade e propaganda.

No ano de 2014, resolvi mudar de carreira. Dos bastidores, passei a trabalhar na frente das câmeras. Fui apresentador de diversos programas de TV e até apresentador em eventos de luta transmitidos no maior canal de esportes do Brasil.

Com toda essa bagagem acumulada, ficou claro para mim que a maior parte dos talentosos profissionais não chegam ao topo de sua carreira porque não se comunicam bem.

Com isso, passei a me aprofundar no assunto, estudar muito, fazer especializações, até começar a fazer consultorias, treinamentos e livros, ajudando milhares de profissionais a saber que comunicar com excelência é apenas uma decisão.

O poder da voz na comunicação é, sem dúvida, o amadurecimento do meu trabalho como comunicador, aliado a toda expertise da minha amiga Rafaela Sales, como brilhante coach e fonoaudióloga, que está despontando em todo o Brasil com sua genialidade.

Aproveite. Este livro é pra você.

COMO ESTUDAR

Este livro foi escrito para ser lido com bastante atenção e cuidado. Para ajudar nessa missão, listamos, a seguir, alguns tópicos sobre como potencializar seu aprendizado ao fim da leitura.

- Procure um lugar bem iluminado, arejado e silencioso;
- Tenha sempre em mãos um caderno, lápis e marca-texto;
- Anote no caderno tudo que você considera importante, como ideias e *insights*;

- Destaque, no próprio livro, passagens importantes, para ajudar a identificar algo mais relevante numa futura consulta;
- Preencha, no livro, todos os espaços para reflexões e exercícios. A escrita ajudará no aprofundamento do conteúdo. NÃO SE SABOTE;
- Se preciso, faça mais de uma leitura, para contribuir com a assimilação e desenvolver a prática das boas ações;
- Permita-se, esvazie-se e deixe fluir a leitura.

TERMO DE COMPROMISSO

Você está iniciando agora mais um processo de aprendizado em sua vida. Como todo processo, é de FUNDAMENTAL IMPORTÂNCIA que todos os passos, ações e direções sejam seguidos para sairmos do nosso ESTADO ATUAL e chegarmos ao ESTADO DESEJADO, que é o lugar onde está tudo aquilo que você sonhou, um lugar cheio de realizações, no qual a vida em abundância é uma realidade.

Acredite, MUDANÇAS ACONTECEM RÁPIDO. Então, tudo isso é possível em um curto espaço de tempo.

Para que essa revolução aconteça, é necessário um combustível que se chama COMPROMISSO. Compromisso com sua entrega e dedicação, com o estudo, com os exercícios propostos. Enfim, COMPROMISSO.

Quando dedicamos algo que vamos realizar para uma PESSOA QUE AMAMOS, uma força altamente maravilhosa e motivadora nos domina. Então, gostaríamos que você dedicasse todo o seu empenho e compromisso no estudo deste livro para alguém que significa muito em sua vida. Nos momentos de desafio, você vai se lembrar dessa pessoa e a força e motivação necessárias para continuar e vencer estarão sempre presentes.

Sabendo disso, escreva com todo carinho e responsabilidade o nome dessa pessoa na linha a seguir.

_____

Por fim, para darmos início ao nosso processo de transformações e ganhos, assine o seu nome, com coragem e paixão.

_____

Parabéns pela coragem de firmar o compromisso da sua própria mudança.

SUMÁRIO

1 – O QUE É COACHING?... 25

2 – PRODUÇÃO DA VOZ:
COMO ACONTECE 41

3 – CHECKLIST VOCAL.. 55

4 – COMO USAR A COMUNICAÇÃO
A SEU FAVOR 69

5 – VOCÊ TEM SIDO UM BOM OUVINTE?............... 79

6 – CUIDADOS COM A VOZ 89

7 – CUIDADOS COM O CORPO PARA
MELHOR UTILIZAÇÃO DA VOZ 101

CONCLUSÃO 107

AGRADECIMENTOS - Rafaela Sales...................... 109

AGRADECIMENTOS - Rodrigo Cruz....................... 113

LEIA MAIS EM 117

CONTATOS... 119

SAIA DA ROTINA.
INOVE, SEJA DIFERENTE,
BUSQUE SER UMA
PESSOA AINDA MELHOR.

1 - O QUE É COACHING?

Para entendimento de uma vez por todas sobre o assunto, vamos conhecer um pouco sobre a origem do nome, a popularização do termo, o que é o coaching, também do que se trata o Coaching Integral Sistêmico.

Origem da palavra coach

Em meados do século XVI, a cidade de Kocs, na Hungria, ficou famosa pela construção de carruagens que tinham a suspensão feitas com molas de aço, trazendo, assim, muito mais conforto aos passageiros. Geralmente, as famílias abastadas faziam o trajeto entre Viena, na Áustria, até Budapeste, na Hungria, nesses transportes, conduzidos por cidadãos de Kocs, ou seja, os kocsi, que os ingleses entendiam a pronúncia como coach. Foi aí que surgiu o primeiro uso da palavra coach como sendo aquele que leva as pessoas de um ponto a outro.

Já no século XIX, os alunos da Universidade de Oxford apelidaram, carinhosamente, de coaches os professores que os auxiliavam nos exames finais. Ou seja, mais uma vez o termo foi usado como "aquele que conduz uma pessoa ao lugar desejado". Mais tarde, a mesma universidade passou a utilizar o termo para designar os treinadores esportivos, responsáveis por conduzir esportistas a alcançar resultados incríveis.

Já por volta do ano de 1950, as grandes empresas notaram na prática que líderes muitas vezes não nasciam com esse dom, mas que podiam aprender a ser líderes, e começaram a contratar experientes líderes para treinar novos líderes por meio de técnicas de desenvolvimento pessoal, nas quais os candidatos eram submetidos a um processo de melhoria contínua. Adivinhe como esses formadores de líderes eram chamados? Acertou quem falou coach.

Afinal, o que é coaching?

Partindo da premissa de que há uma necessidade natural de sobrevivência de todos os organismos e sistemas vivos, inclusive pessoas e organizações, há então a necessidade de se adaptar para evoluir e sobreviver. Para se adaptar aos novos desafios do mundo moderno, as organizações precisam de novos líderes com capacidades e habilidades específicas para lidar consigo mesmo e liderar novas equipes formadas por novos integrantes que buscam constantemente o seu crescimento pessoal e profissional.

Nesse contexto surge o coaching, processo de alta performance, que te leva do estado atual para o estado desejado, traçando metas e objetivos por meio de um plano de ação, potencializando suas habilidades e eliminando o que te impede de ser ainda melhor, de forma integral (racional e emocional) e sistêmica (equilibrando os 11 pilares da sua vida: emocional, espiritual, parentes, conjugal, filhos, social, saúde, servir, intelectual, profissional e financeiro).

Para esclarecer a nomenclatura usada: coaching é o processo, o coach é o profissional e o coachee é o cliente que está sendo atendido.

O coaching é um método muito poderoso que colabora de forma grandiosa para o desenvolvimento de cada indivíduo que paga o preço da mudança com novos hábitos. Os atendimentos podem ser individuais ou em grupo.

O intuito é aprimorar as habilidades, competências e oportunidades de melhorias individuais, com a finalidade de fortalecer a alta performance na comunicação. Às vezes é fácil encontrar soluções para os problemas de um amigo, familiar, cônjuge ou colega de trabalho do que para nós, não é mesmo? É como se, quando tivéssemos que solucionar nossas próprias questões, a tarefa ficasse muito mais árdua.

Quando estamos envolvidos em um problema, nosso emocional passa a interferir no modo como analisamos a questão como um todo, restringindo as possibilidades de soluções que, na maior parte das vezes, estão notórias, mas não enxergamos devido à proximidade. Ao se conhecer melhor, você terá mais segurança para desempenhar suas funções, se comunicar melhor, usar sua voz a seu favor e ser um profissional completo. Isso fará com que tenha mais sucesso profissional, conquistando, por exemplo, uma promoção ou aumento salarial. Conhecer a si mesmo fará com que você consiga enxergar seus pontos fortes, ou seja, visualizar com mais clareza todas as suas capacidades e virtudes.

No âmbito pessoal, o autoconhecimento vai ajudá-lo a traçar metas e objetivos com mais clareza e com maior capacidade de realização. As atitudes tomadas também serão diferentes, principalmente os eventuais imprevistos que venham a acontecer. Então, a busca pelo autoconhecimento vai muito além do trabalho: ela pode render decisões mais sábias em um relacionamento amoroso e até mesmo ajudá-lo a se inserir com maior facilidade em determinados grupos sociais. Todo esse desenvolvimento trará um ganho enorme a você e às pessoas a sua volta, potencializará sua coragem para construir um novo estilo de vida.

Possuindo inteligência emocional, conseguimos aprender o que fazer em diversas situações, desde se comunicar com as pessoas diante de ocasiões adversas até ensinar alguém a agir da maneira mais inteligente emocionalmente possível. Já o controle das emoções pode ser traduzido como uma competência. O indivíduo que a tem possui a habilidade de pôr o seu conhecimento em prática diante de uma determinada situação. Quer dizer, o sujeito dessa ação tem o potencial de aprender a lidar com diversas situações se ensinado a como fazê-las especificamente.

Com o aumento da tecnologia, da competitividade, da urgência para as coisas acontecerem, perdemos o discurso das experiências mais íntimas, como nossos sonhos, projetos, frustrações e de tempo de contemplar o belo.

O segredo é construir cada degrau da sua escada, celebrando cada conquista, aprendendo com os erros. Na vida profissional, existem duas situações: resultados ou desculpas. O que diferencia as pessoas bem-sucedidas das medianas é a forma com que lidam com suas emoções e, principalmente, com as outras pessoas. Ter uma comunicação assertiva e a vontade de treinar devem ser maiores do que a vontade de vencer, porque o resultado só aparece para quem está preparado.

Saia da rotina. Faça algo diferente, inove, busque ser ainda melhor. Comunique-se como um campeão e sinta essa emoção. Transforme suas crenças (verdades).

Crença

Crença é toda programação mental (sinapses neurais) adquirida com aprendizado durante toda a vida e que determina os comportamentos, atitudes, resultados, conquistas e qualidade de vida.

Crença é semelhante a um programa de computador. Você pode ter a melhor máquina, com melhor processador, melhor memória, mas se o programa que roda no computador não funciona, não for adequado, essa máquina talvez nem funcione.

É a mesma coisa com as pessoas. Eu posso ser extremamente inteligente, ter uma memória incrível e até uma saúde física tremenda, mas se as crenças que estão na minha mente, as programações mentais que aprendi a vida inteira não forem boas, não gerarem harmonia, elas vão me fazer sofrer e fazer as pessoas ao meu redor sofrerem.

É importante que você saiba que são as crenças que determinam:

- Seus comportamentos;
- Suas atitudes;
- Suas escolhas;
- Suas emoções;
- E como você enxerga e percebe o mundo.

Ou seja, se você tem crenças limitantes no aspecto da comunicação, você terá uma vida limitada. A questão é: QUAIS SÃO SUAS CRENÇAS? Quais as fortalecedoras e as limitantes? Se você tem crenças limitantes na área profissional, é provável que mude inúmeras vezes de área, sem encontrar o seu propósito profissional, se mantendo estagnado. Quando você restaura suas crenças, muda sua maneira de agir, também os seus resultados. Mas esse é o grande desafio, afinal, trata-se de uma mudança de dentro para fora.

Todos nós possuímos 3 tipos de crenças.

A primeira é a crença de identidade. Não é o que falo, não é o que quero ser, mas o que acredito ser. A crença de identidade guia completamente seus resultados. Por exemplo, se você se sente consistente, tudo o que vai fazer, faz com consistência. Se você tem crenças de malfalante, por mais que queira, elas moverão suas ações, pensamentos e, consequentemente, seus resultados, fazendo com que você não conquiste seus objetivos de falar em público, multiplicar seus conhecimentos e de participar ativamente de uma reunião. Nesse caso, você pode até querer ser um excelente comunicador e se desafiar a falar, se impor, mas se internamente, na sua crença de identidade, isso ainda não aconteceu, seus resultados nunca mudarão.

Em seguida, temos a crença de capacidade. De nada adianta desenvolver a crença de identidade, se internamente você não se sente capaz de conquistar. Quantas vezes você já perdeu um grande cliente por acreditar que não conseguiria ajudá-lo por medo de se expressar? Quantas vezes já desistiu de se apresentar e crescer na sua carreira profissional por acreditar que era difícil?

Por fim, são crenças de merecimento. Existem casos em que a pessoa se sente inteligente, porque ministrou uma palestra. Se sente preparada para ministrar um curso, porque estudou muito o conteúdo. Porém, na hora da ministração, sua crença de merecimento impede de ser executado. Existem pessoas que se preparam, se sentem capazes de alcançar um objetivo, mas, quando chega na hora, acabam não se sentindo merecedoras e falham. Esse tipo de pessoa até conquista resultados, mas, quando chega a um determinado nível, o seu inconsciente começa a se autossabotar. Tudo isso pode estar relacionado ao que você ouviu, viu e sentiu na sua infância por forte impacto emocional ou repetidas vezes.

Toda disfunção merece e deve ser tratada para atingir seus ideais. É isso que o coaching faz.

A VOZ TEM UMA FORÇA INCRÍVEL,
POR SER UM DOS INSTRUMENTOS
DE INFLUÊNCIA MAIS EFICAZES
NAS COMUNICAÇÕES HUMANAS.

2 - PRODUÇÃO DA VOZ: COMO ACONTECE

esmo dependendo das condições anatômicas do trato vocal, a voz conta um pouco da nossa história. É isso mesmo!

A voz é um elemento de fundamental importância, porque por meio dela podemos observar as emoções, sensações, intenções. Ou seja, a voz deixa transparecer se você está alegre, triste, apressado, inseguro... É por intermédio dela que as pessoas também revelam seu entusiasmo, cansaço, ansiedade, estado de humor, interferindo de modo decisivo na eficácia de nossa comunicação social ou profissional, determinando a própria personalidade e o estado de espírito de quem fala, pois a voz sofre muita influência de hormônios e de nossas emoções. Além disso, a voz pode indicar a região em que você nasceu ou recebeu educação, pelo sotaque.

Sendo assim, a voz tem uma força incrível, por ser um dos instrumentos de influência mais eficazes nas comunicações humanas. Conhecer a própria voz é conhecer um pouquinho da própria alma. Os aspectos fundamentais da voz são:

- **Tonalidade (timbre):** característica vocal própria;
- **Intensidade:** volume da voz;
- **Projeção:** alcance e preenchimento da voz no espaço;

- **Entonação:** é o "colorido da voz", o modo como o som vocal é emitido e como as palavras são faladas.

A voz é o meio carregador da mensagem. Por meio do som da voz, você carrega emoções e sentimentos, provocando uma reação, uma resposta. Uma voz tranquila, que passa energia, alegria, fica muito mais fácil de fazer conexão com o ouvinte, assim como a congruência do seu corpo com a voz. Cada um tem o seu estilo de voz e, quanto mais se consegue manter a sua essência, aumenta a sua credibilidade. A mentira pode vir disfarçada na fala, mas a voz entrega a verdade. Por mais técnicas que se aprendam, é preciso ter autenticidade para que sua identidade e naturalidade se mantenham.

Dentro de qualquer organização ou empresa, a voz tem papel fundamental, já que é um elemento da comunicação e um dos indicadores para obter um clima organizacional o mais ecológico possível. Quanto maior o seu cargo, mais se cobra por uma voz empoderada que, no caso de um ajuste vocal, faz-se necessário o acompanhamento de um fonoaudiólogo.

A fonoaudiologia trabalha com a comunicação humana. Sim, pois você consegue transmitir seus conhecimentos, ideias, aprender com as trocas e potencializar seus resultados. Quem se comunica melhor é mais feliz, tem empregos melhores, é mais satisfeito emocionalmente. Um impacto emocional pode ocasionar uma perda vocal e precisa ter um diagnóstico preciso. Para cada caso, um planejamento terapêutico diferente tem que ser aplicado.

Entendendo sua voz

O ar que vem dos pulmões passa pelas pregas vocais, e estas vibram, produzindo o som, o qual será modulado e modificado no trato vocal - ou sistema ressonador -, por meio dos articuladores: língua, lábios, mandíbula e trato vocal, ocorrendo assim a fala.

Uma alteração vocal frequentemente possui como origem múltiplos fatores, desde causas orgânicas, do tipo neurológica, lesional (paralisias e tumores), estruturais, funcionais por mau uso vocal, ou até mesmo fatores psicogênicos. Já a disfonia é um distúrbio vocal. Para se obter o diagnóstico mais preciso, é necessária a realização dos seguintes passos: avaliação otorrinolaringológica, anamnese e avaliação fonoaudiológica, avaliação psicológica e sessão de coaching, caso seja imprescindível.

A terapia fonoaudiológica visa à busca pela melhor voz possível, com o mínimo de esforço e máximo rendimento, é indicada em casos de alterações na comunicação oral, da deglutição, para o aperfeiçoamento dos padrões da fala e da voz, dentre outras situações. Quando detectada alguma alteração vocal ou a necessidade de adaptar a voz para uma demanda profissional específica para o cargo ou função - palestrante, professor, locutor, jornalista, músico - utilizam-se técnicas específicas e é essencial o acompanhamento de uma equipe de profissionais especialista na área a ser trabalhada.

Um exercício que pode ajudar muito em um caso, pode ser prejudicial a outro. Por esse motivo, cada um terá seu planejamento terapêutico e prognóstico. A técnica vocal é o conjunto de modalidades de aplicação de exercício vocal, utilizadas de modo racional, para um fim específico como, por exemplo, técnica de vibração, que visa à busca pela melhor voz possível, com o mínimo esforço e o máximo rendimento, o que nem sempre significa voz normal. Para a voz normal, não existe uma definição propriamente dita. Já a voz adaptada é a de qualidade aceitável socialmente, não interfere na inteligibilidade da fala. Conhecer a fisiologia de como a voz é produzida será a chave do sucesso para o prognóstico, utilizando as melhores técnicas, de acordo com cada caso.

Para abranger os objetivos da terapia vocal, o fonoaudiólogo deve planejar o que será trabalhado, fazer um planejamento estratégico. Para isso, inicialmente o terapeuta deve realizar uma avaliação vocal eficiente para obter todos os dados necessários para a conduta e a análise de exames complementares.

Voz X fala X linguagem

Voz
É o som produzido pela passagem do ar pelas pregas vocais e modificado pelas cavidades de ressonância e estruturas articulatórias.

Fala
É a capacidade mecânica de emitir sons. Os sons da fala são articulados na cavidade da boca, pelos movimentos da língua, lábios, mandíbula, dentes e palato, modificando o ar vindo dos pulmões. Essas estruturas modificam o som, produzindo a fala.

Linguagem

É um sistema de comunicação, seja ele natural, artificial, humano ou não humano. Constitui a base de todas as nossas relações sociais, políticas, afetivas, culturais e históricas.

O uso da linguagem tornou-se profundamente enraizado na cultura humana para comunicar e compartilhar informações, mas também como expressão de identidade e de estratificação social, para manutenção da unidade em uma comunidade e para o entretenimento.

Você trabalha com comunicação?

Um dos principais fatores na boa comunicação é a voz. Para refletir melhor sobre isso, responda às perguntas poderosas a seguir.

Como você tem utilizado a sua voz?

_____
_____
_____

Você gosta da sua voz?

_____
_____
_____

Sua voz impacta positivamente ou afasta as pessoas?

_____
_____
_____

O que os outros acham da sua voz?

_____
_____
_____

Já parou para refletir sobre esse assunto? Caso sim, a que conclusão chegou?

_____

_____

_____

_____

_____

_____

Para os profissionais de comunicação, alcançar a sonoridade correta ao passar determinada informação é ainda mais importante, principalmente na veiculação de notícias em canais como o rádio, a televisão, ou até mesmo nas redes sociais. Para alçar o máximo de aproveitamento vocal, além de tomar os cuidados necessários para a saúde da voz, os comunicadores têm, cada vez mais, procurado o auxílio especializado e focado em exercícios que são essenciais para a atividade. Você tem tido esses cuidados com sua voz?

A verdade é que, direta ou indiretamente, todos nós trabalhamos com a comunicação e, quanto mais cedo levarmos em consideração o tamanho da vantagem que é cuidar da voz, mais bem-sucedidos podemos ser.

**CUIDE DA SUA SAÚDE,
CUIDE DA SUA COMUNICAÇÃO.**

3 - CHECKLIST VOCAL

Chegou a hora de você se permitir saber como está cuidando de cada indicador para os cuidados com a sua voz. Ele vai medir a qualidade e o foco dado a cada um dos principais aspectos e seus resultados.

De 0 a 5, como você tem gerenciado, prestado atenção, tido consciência de usá-lo a seu favor? Entendendo que o número zero significa total indiferença e o cinco que você já tem esse acompanhamento e resultado positivo. Pontue cada um de acordo com a avaliação sobre você mesmo neste momento - não na semana passada nem ontem. Repita esse mesmo passo após uma, duas e três semanas; posteriormente, você vai analisar se verdadeiramente está usando a sua voz a seu favor ou se está tendo um fator de impedimento para sua melhor comunicação. Sempre esteja com acompanhamentos especializados.

Por exemplo: um profissional da voz está sempre ficando rouco ao final do dia, fazendo sua performance cair. Quais indicadores vocais ele precisa potencializar ou gerenciar para não prejudicar ainda mais?

Você precisa de bastante atenção para dar a nota de maneira eficaz nesse momento de autoanálise.

1. Respiração (coordenação pneumofonoarticulatória)

O equilíbrio das estruturas, mioelásticas da laringe e musculares da articulação, garante ao ouvinte a sensação de estabilidade, domínio e harmonia. O predomínio da sua respiração é oral, nasal ou misto? Há ruído ou estridor respiratório ou é silenciosa? Você consegue ter um controle da sua respiração durante a comunicação ou sente a necessidade de se esforçar para isso? Sente cansaço ao falar?

2. **Postura corporal**

Sua postura reflete um estado de poder ou fraqueza? Como você tem se portado durante a comunicação? Sua postura está de acordo com o seu posicionamento profissional e pessoal?

3. **Articulação da fala**

Você articula bem as palavras ou as pessoas pedem para você repetir o que falou na conversa?

4. Sistema de ressonância

Trata-se do fenômeno de ampliação e modificação do som que emitimos. Todo o trato vocal funcionará como filtro do som que é produzido na laringe, nossa fonte sonora. A valorização dos harmônicos graves acontece quando produz um espaço maior de ressonância na constrição ou a valorização dos harmônicos agudos, quando diminui esse espaço.

5. Pitch (frequência vocal)

É a sensação auditiva que temos sobre a altura da voz, podendo ser classificado em grave, médio ou agudo. Mede-se o pitch por meio de sistemas computadorizados de análise vocal. Normalmente, no canto, o pitch eleva-se, pois há uma busca das cavidades superiores de ressonância que acaba levando para a agudização do pitch, muitas vezes camuflado por uma hipernasalisação. Você consegue usar o pitch a seu favor?

6. Loudness (intensidade vocal)

Tem relação com a percepção que o volume da voz deve ter com o tipo de ambiente em que está sendo emitida. Pode ser classificado em forte, fraco e adequado. Você está satisfeito com a sua qualidade vocal?

7. Pigarros

Tente beber água ou deglutir algumas vezes a secreção ou sensação de corpo estranho na garganta.

8. Beber água

Nada pode ser mais benéfico para as pregas vocais do que a hidratação. Elas ficam mais limpas e saudáveis para que você enfrente qualquer situação. Você tem bebido a quantidade suficiente de água?

9. Aquecimento e desaquecimento vocal

O aquecimento vocal tem como objetivo principal preservar a saúde do aparelho fonador, além de aumentar a temperatura muscular e o fluxo sanguíneo, favorecer a vibração adequada das pregas vocais, melhorar a produção vocal global, dentre outros benefícios. Em média, os exercícios de aquecimento devem durar entre 10 e 15 minutos.

O desaquecimento é tão importante quanto o aquecimento. É o oposto do aquecimento, ou seja, seu objetivo é trazer a voz de volta ao ajuste fonorrespiratório da voz coloquial. A duração média dessa atividade é de 5 minutos e, apesar de curta, é suficiente para o retorno à emissão coloquial. Você faz a técnica de aquecimento e desaquecimento vocal?

10. Fadiga vocal

É a consequência de esforços prolongados, tais como: notas sustentadas muito tempo, abuso de notas agudas, ou trabalhar a voz quando há rouquidão. Você sente fadiga vocal?

11. Disfonia

É uma alteração na produção da voz que impede ou dificulta a produção natural da voz. Você tem percebido alteração na sua voz? Rouquidão? Aspereza?

12. Dor na garganta

Você tem sentido dores frequentes na

garganta? Sente dificuldade até na hora de deglutir a saliva ou os alimentos?

13. Saúde (acompanhamentos)

Você tem ido ao médico frequentemente ou apenas quando tem uma dor ou queixa? Tem a necessidade de acompanhamento multidisciplinar e tem ido frequentemente?

14. Nebulização

A nebulização hidrata todo o aparelho vocal e relaxa a musculatura, podendo ser utilizado diariamente. Você faz uso da nebulização para cuidar da voz? Tem o hábito de fazer a inalação antes de usar a voz profissionalmente?

15. Alongamento muscular

São exercícios que promovem o aumento da flexibilidade muscular, aumentando o comprimento das fibras musculares. Dessa forma, quando alongamos um determinado músculo, maior será a movimentação da articulação comandada por ele, facilitando ainda mais determinadas manobras vocais. O alongamento funciona também como uma proteção, pois quando seus músculos estão corretamente alongados, você acaba evitando possíveis lesões. Devemos alongar antes de fazer o aquecimento. Cada exercício de alongamento deve durar cerca de 15 a 30 segundos, sendo feito de maneira lenta e suave, retornando à posição inicial de relaxamento em seguida. Você faz alongamento muscular diariamente?

16. Termoterapia

É a aplicação de calor a fim de reduzir o edema ou inchaço das pregas vocais após longo período de alta demanda vocal, ou a utilização de gelo logo após o uso intenso da voz para prevenir o edema. Você aplica a termoterapia?

CHECKLIST VOCAL

INDICADORES	COMO VOCÊ ESTÁ HOJE DE 0 A 5	COM 1 SEMANA DE 0 A 5	COM 2 SEMANAS DE 0 A 5	COM 3 SEMANAS DE 0 A 5
1. RESPIRAÇÃO				
2. POSTURA CORPORAL				
3. ARTICULAÇÃO DA FALA				
4. SISTEMA DE RESSONÂNCIA				
5. PITCH (FREQUÊNCIA VOCAL)				
6. LOUDNESS (INTENSIDADE VOCAL)				
7. PIGARROS				
8. BEBER ÁGUA				
9. AQUECIMENTO E DESAQUECIMENTO VOCAL				
10. FADIGA VOCAL				
11. DISFONIA				
12. DOR NA GARGANTA				
13. SAÚDE				
14. NEBULIZAÇÃO				
15. ALONGAMENTO MUSCULAR				
16. TERMOTERAPIA				

Anexo 1

Cada pessoa tem uma necessidade e pode se beneficiar. São 16 indicadores que já podem fazer parte da sua rotina. Vale lembrar que cada caso é um caso e será tratado de acordo com as suas próprias queixas e limitações, necessidades e com a orientação de um profissional.

Os profissionais que utilizam muito a voz no trabalho devem tomar alguns cuidados para evitar situações desagradáveis, como ficar sem voz (afônicos). É importante cuidar da saúde: ter boa noite de sono, fazer alimentações equilibradas, praticar exercícios físicos periódicos, além de uma boa hidratação. Evite alimentos condimentados, bebidas alcoólicas e tabaco. Também é importante evitar situações de muito abuso vocal (falar demais, cantar por muitas horas em ambientes ruidosos) e, se o fizer, deve ter técnica e condicionamento vocal para isso.

Cuide da sua saúde, cuide da sua voz.

A VOZ, QUANDO UTILIZADO
TODO SEU POTENCIAL,
VAI TRAZER RESULTADOS
EXTRAORDINÁRIOS EM SUA VIDA.

4 – COMO USAR A COMUNICAÇÃO A SEU FAVOR

Comunicação vem do latim, *communicare*, que significa tornar comum, partilhar. Ela é dividida em comunicação verbal e não verbal. A verbal, como o próprio nome já diz, é aquela que você fala e a sua mensagem é passada pelo conteúdo da sua voz. Já a não verbal, é aquela que não é falada, e sim percebida. Pode ser um olhar, uma postura, a roupa que você usa, a forma com que seu cabelo ou sua barba estão, ou vários outros aspectos que não dependem do verbo.

Comunicação verbal e não verbal

Existem dois tipos de comunicação: a VERBAL e a NÃO VERBAL.

A comunicação verbal é tudo aquilo que expressamos com a nossa fala, ou seja, o conteúdo da mensagem. Todo o restante é comunicação não verbal, ou seja: a entonação da voz, a postura ao se sentar em uma cadeira (expressão corporal), a aparência física, higiene, a forma de olhar, a forma de se vestir etc.

Segundo Albert Mehrabian, professor honorário do curso de psicologia da Universidade da Califórnia, 93% de nossa comunicação é não verbal, e apenas 7% refere-se à verbal. Esses dados mostram quão importante é a parte não verbal da nossa comunicação, e muitas vezes as pessoas não dão o devido valor.

Desses 93% relativos à comunicação não verbal, 55% é a forma como a pessoa se movimenta ao entregar a mensagem, ou seja, a linguagem corporal. Já os outros 38% é a forma como a pessoa entrega a mensagem: tom, volume da voz e velocidade de fala.

Tenha sempre uma apresentação cuidada, independente da formalidade. Cabelos penteados, barba feita ou aparada, unhas bem cuidadas são fundamentais para demonstrar respeito à pessoa que dispensou seu tempo para se reunir com você. Olhar no olho e saber ouvir são sinais de atenção, seriedade e respeito, e não podem faltar em uma conversa.

A voz na comunicação

Para falar sobre comunicação, é necessária breve explanação de como a sua voz é produzida. Essa produção se dá através do ar que vem dos pulmões, passando pelo trato vocal, que é a laringe com as pregas vocais, que vão vibrar. Com essa vibração, é produzido um som, que vai para a cavidade oral ou nasal.

Em qualquer comunicação verbal e na comunicação não verbal pela voz - como a entonação, por exemplo, é utilizada a musculatura facial e todos os órgãos fonoarticulatórios. Se você estiver com uma rouquidão, por exemplo, terá dificuldade para se comunicar. A sua entonação ou emoção não serão as mesmas, tornando a recepção da mensagem não tão clara. Isso demonstra a importância que o profissional precisa ter com a sua voz, pois ela é uma das grandes responsáveis por levar aquilo que você quer ao receptor de forma eficiente. Uma boa voz ajuda, e muito, a fechar uma negociação esperada, desde que ela esteja com saúde plena, pronta para demonstrar toda a confiança que ela é capaz.

    Muitas vezes utilizamos uma impostação vocal errada, tanto em nossa vida pessoal como na profissional. Pode acontecer de falarmos de forma rude mesmo sem ter sido essa a nossa intenção. Pode acontecer também da forma inversa como, por exemplo, em uma palestra ou apresentação comercial, em que o comunicador passa apatia em sua voz, e o receptor não terá nenhum tipo de firmeza. Por esse motivo, precisamos tomar muito cuidado em como impostamos a voz, pois ela pode ser determinante no entendimento de uma mensagem.

    O nível linguístico também tem que estar alinhado com a expectativa e o público, para que haja empatia e absorção máxima de conhecimento. Como exemplo, podemos citar alguém falando "Não pude vim"; o correto seria "Não pude vir". Outro exemplo são os vícios de linguagem, como incontáveis "Né", "Ok", "Certo" em uma única conversa. Faz sentido? Como um ouvinte vai se conectar com um comunicador despreparado, que apresenta erros de português e inúmeros vícios de linguagem?

Cada vez mais é cobrada a alta performance da comunicação verbal e não verbal pelos contratantes. Quanto mais se alinham os dois tipos de comunicação, mais sucesso para o orador. O sorriso, o otimismo e a objetividade na fala conectam as pessoas com assertividade.

No coaching, nós utilizamos bastante as PPS – Perguntas Poderosas de Sabedoria, que servem para fazer o nosso interlocutor refletir poderosamente sobre determinado tema, a fim de que ele tome decisões que mudem definitivamente sua forma de pensar ou agir. Mas elas só são realmente transformadoras se a entonação adequada for utilizada, encaixando-se naquilo que está sendo dito.

A voz, quando utilizado todo seu potencial da melhor forma possível, trará resultados extraordinários em sua vida.

Agora que você já sabe como está cada indicador vocal, vamos começar a acessar recursos, técnicas, habilidades e estratégias que ajudarão a fazer uso adequado da sua voz, proporcionando uma comunicação verbal mais enérgica, assertiva e ousada. Palavra tem um superpoder e merece ser bem gerenciada e usada na hora certa. Assim, é possível enxergar cada passo dado e o resultado obtido. Para que a cada semana você possa obter resultado diferente, faz-se necessário agir diferente ou ajustar alguns pontos. Escreva agora uma ação, técnica ou tarefa para cada um dos 16 indicadores do checklist vocal (vide anexo 1) e já coloque uma data para iniciá-la:

1. _____
2. _____
3. _____
4. _____
5. _____
6. _____
7. _____
8. _____
9. _____
10. _____
11. _____
12. _____
13. _____
14. _____
15. _____
16. _____

OUVIR VERDADEIRAMENTE
É OLHAR NOS OLHOS,
É ENTENDER, É DIALOGAR
SEM FUGIR DO ASSUNTO,
É NÃO SE DISTRAIR,
É CRIAR UMA CONEXÃO.

5 - VOCÊ TEM SIDO UM BOM OUVINTE?

O quanto você para para ouvir as pessoas, seja em casa, numa roda de amigos ou no trabalho? Você está atento sobre o que as pessoas estão comunicando? Você olha nos olhos do seu interlocutor? Você para tudo o que está fazendo e foca nele? Ou você é daquelas pessoas aceleradas, que atendem o celular, passam uma mensagem, digitam no computador, chamam um funcionário para dar uma ordem, ao mesmo tempo que estão ali frente a frente com alguém que está investindo seu tempo para dialogar? Com que frequência você tem dado respostas no piloto automático, sem saber nem o que respondeu? Sinceramente, o quanto você tem praticado o OUVIR, e não apenas sendo uma figura de enfeite à frente de alguém?

A prática de ouvir é muito importante na vida de uma pessoa, pois quanto mais você ouve, mais conectado estará, mais aprendizados terá, mais oportunidades aproveitará, mais pessoas poderá ajudar. Ouvir verdadeiramente é olhar nos olhos, é realmente entender o que seu interlocutor está falando, é dialogar sem fugir do assunto, é não se distrair com o que está ao seu redor, criar um rapport, uma conexão.

Como exemplo da importância do ouvir, vou trazer a história de um casal. O marido chega do trabalho cansado, dá um beijo na esposa, toma banho, janta e vai ficar no celular, conversando com pessoas que não estão ali. A sua esposa, ao lado, quer conversar, contar como foi seu dia, mas o marido não dá ouvidos. Responde no automático enquanto ri de uma piada no grupo de amigos. O que vai acontecer com isso? Ela acaba silenciando por não ser ouvida. Sua voz começa a ficar triste, abatida. Resultado: o esposo acredita que está tudo certo. Mal sabe ele que seu casamento está prestes a chegar ao fim. Motivo: não saber ouvir. Aqui, chamamos sua atenção para estar sempre atento aos detalhes em todos os seus relacionamentos.

Com a demanda do dia a dia, saber ouvir é uma das qualidades mais bem vistas em um lar e dentro de uma empresa. Essa atitude transmite respeito e proporciona a troca de experiências e o aprendizado constante.

Reflita e responda, com muita sinceridade, às perguntas a seguir.

Você se considera um bom ouvinte?
_____
_____

Quais atitudes você tem que confirmam ou não a habilidade de ouvir o próximo? Cite pelo menos três delas.

1. _____
2. _____
3. _____

Durante o seu dia quanto tempo, em minutos/hora, você se ouve?
_____
_____
_____

Você permite que o outro se expresse sem interrompê-lo?

_____

_____

_____

Você se esforça para desenvolver sua habilidade para reter informações importantes, aproveitando uma conversa para criar e fazer oportunidades?

_____

_____

_____

Você ignora outros fatos paralelos à conversa quando está ouvindo, focando em uma coisa por vez?

_____

_____

_____

Você sente e transmite um interesse genuíno no que o outro está dizendo, gerando empatia?

_____
_____
_____
_____

Para a maioria das pessoas, ouvir não é simples. Na verdade, não aprendemos como fazer isso. Embora seja consenso que prestar atenção ao que o outro fala é importante, quase nunca o fazemos. Você já deve ter escutado alguém e, depois que ele terminou de falar, deu-se conta de não ter a menor ideia de qual foi a mensagem transmitida.

Acontece, nós entendemos. Mas o que você pode fazer de diferente para gerir esses comportamentos?

Nós escutamos o que foi dito, mas não ouvimos. Não estamos sendo bons ouvintes. ESCUTAR é um ato físico. OUVIR é um ato intelectual e emocional. Escutar reconhece sons. Ouvir requer compreensão do que foi dito.

Você quer ser um bom ouvinte? Demonstre empatia pelo interlocutor, compreenda a comunicação não verbal e como ela afeta sua percepção sobre o que está sendo dito, mostre-se interessado pelo assunto e esteja preparado para ouvir. O ato de ouvir interfere positivamente a falta de entendimento entre as partes, coloca você no controle da situação, reduzindo discussões, demonstra que você se preocupa com o outro e que está se importando com o momento, pode melhorar sua memória e compreender melhor o mundo a sua volta.

**COMO SERIA PASSAR
O DIA SEM SE COMUNICAR?
É POSSÍVEL NA SUA PROFISSÃO?**

6 - CUIDADOS COM A VOZ

Agora você já sabe como sua voz é produzida e o poder que ela tem na sua comunicação. Para que sua performance vocal evolua, faz-se necessário ter atenção a alguns pontos que contribuirão para prevenir disfonias - ou alterações vocais - e até melhorar os sintomas de quem já sente algo errado. Lembrando que, em caso de rouquidão, é importante ser acompanhado por profissionais especializados.

Não apenas profissionais da voz como cantores, atores, palestrantes e professores, mas cerca de 60% da população ativa têm na voz o instrumento de trabalho mais exigido, mesmo que ela não seja o foco de suas atividades, segundo a ABORL-C-CF (Associação Brasileira de Otorrinolaringologia e Cirurgia Cérvico-Facial).

Para entender mais, reflita como seria passar um dia sem falar. Você já teve essa experiência? Como você se sentiu? Agora, imagine passar o dia trabalhando sem se comunicar verbalmente. É possível na sua profissão?

Por ser um dos instrumentos de trabalho mais exigidos, a voz precisa de cuidados muito especiais. Uma boa parcela da população apresenta sinais e sintomas de lesão vocal e não procura ajuda profissional. Apesar de comum, essa lesão pode evoluir para um problema mais grave, como o câncer de laringe, que muitas vezes aparece em seu estágio inicial como uma simples rouquidão como sinal.

Vamos ao que interessa?

Pois é, existem muitos mitos e verdades sobre os cuidados com a voz, não vamos nos aprofundar no assunto, mas sim passar dicas importantes para você prevenir ou reabilitar a sua voz.

Vamos sugerir um passo a passo para você utilizar diariamente, ou caso sinta necessidade. São ações que vão ajudar a utilizar todo o potencial da sua voz, com mais conforto e saúde, tudo bem?

Lembrando que cada pessoa pode reagir de maneira diferente e que não existe uma fórmula mágica e única.

1. Faça nebulização com soro fisiológico durante 10 minutos, para ajudar na hidratação do trato vocal.
2. Cuide da sua respiração. Passe a utilizar a respiração nasal como

prioridade, evitando a respiração pela boca.

3. Beba em média dois litros de água natural por dia, de gole em gole, sem pressa. Isso ajuda e muito na hidratação.

4. Evite falar demais quando já está sentindo incômodos na região laríngea.

5. Fique atento à sua postura corporal para não haver compensação muscular e causar alterações vocais.

6. Opte por usar roupas e sapatos confortáveis. Você sentirá de imediato uma melhora na sua projeção vocal.

7. Evite tossir ou pigarrear excessivamente. O atrito que essas ações causam nas pregas vocais podem facilitar o surgimento de lesões. O pigarro

em excesso com o objetivo de melhorar a secreção presente nas pregas vocais tem o efeito contrário, pois está havendo um atrito e forçando a região. Para compensar a necessidade de tossir ou pigarrear, beba. Também pode tentar deglutinar várias vezes a sua própria saliva com mais força e com a cabeça baixa.

8. Evite falar em lugares barulhentos, pois, inconscientemente, passamos a falar muito alto, competindo, forçando as estruturas e causando possível rouquidão ou incômodo.

9. Evite ingerir leite e derivados antes de utilizar a voz continuamente, pois a saliva pode ficar mais espessa após comer um belo chocolate, por exemplo.

10. Evite a ingestão de álcool e outras drogas em excesso, pois elas anestesiam as pregas vocais e você não percebe o esforço que passa a fazer, causando, assim, danos, mesmo sem parecer.

11. Evite o consumo de tabaco, pois ele deixa as pregas vocais edemaciadas, podendo causar rouquidão vocal.

12. Articule bem as palavras para ajudar na mobilidade (movimento) muscular e na clareza da fala. Isso ainda evita que você tenha que falar mais alto ou gritar para conversar.

13. Não abuse de alimentos pesados. Os mais leves proporcionam mais energia, ajudando, assim, em uma melhor performance vocal e corporal.

14. Para muitos, comer a maçã para melhorar a performance vocal é mito,

mas ela tem ação adstringente, ou seja, limpa a garganta, trazendo alívio e bem-estar. Mas fique atento para não mascarar um sintoma e terminar forçando as pregas vocais durante uma apresentação.

15. Procure relaxar, meditar e se alongar antes de sua apresentação.

Esses 15 pontos são bem práticos e rápidos. Coloque na sua rotina diária e adquira hábitos saudáveis para cuidar da sua voz.

Lembre-se de que cada caso é um caso e consultar um especialista tem que se tornar rotina em sua vida. Se os sintomas persistirem por mais de 15 dias, procure um médico otorrinolaringologista. Cuide da sua saúde, cuide da sua voz.

Agora, pedimos sua atenção para mais uma reflexão. Pegue um lápis e responda, sinceramente.

Você tem cuidado da sua voz da forma que realmente tem que ser?

_____
_____
_____
_____

Dos pontos citados, quais você tem colocado em prática?

_____
_____
_____
_____
_____
_____

Dos pontos que você ainda não colocou em prática, quando pretende agir e começar a colocar?

_____
_____
_____
_____
_____
_____
_____

O CORPO FALA!

7 – CUIDADOS COM O CORPO PARA MELHOR UTILIZAÇÃO DA VOZ

Como o meu corpo pode interferir positivamente na minha performance vocal? O quanto eu posso ser mais assertivo em uma reunião de negócios, palestras, treinamentos, ajustando o meu corpo como um todo? O tom da minha voz está congruente, de acordo com a necessidade do momento? Ela aumenta a autoridade ou está me limitando?

Essa reflexão pode trazer grandes ganhos na hora de se posicionar como orador e até mesmo como ouvinte de uma situação. Autoavalie-se, grave momentos em que você está comunicando e use alguns pontos para checar e construir uma escalabilidade de desenvolvimento.

É pela linguagem corporal que você comunica suas atitudes e pode ser avaliado por esses pontos. Questionamentos podem surgir nesse momento e são importantes para que tenha consciência de como você pode usar sua postura corporal a favor da sua comunicação como um todo e em especial a sua voz.

O corpo fala.

A seguir, trazemos, especialmente para você que entendeu a importância do poder da sua comunicação, pontos importantes para agregar na sua performance corporal.

1. Faça alongamentos musculares para aumentar sua flexibilidade corporal.

2. Use roupas e calçados confortáveis.

3. Alimente-se de maneira saudável.

4. Seja constante na realização de atividades físicas.

5. Procure um médico ortopedista ou um fisioterapeuta, caso sinta necessidades físicas.

Fazer ajustes para conseguir os resultados desejados de uma voz que empodera e pode levar para um próximo nível com mais segurança ao se comunicar é simples e totalmente possível. Coloque em prática, faça acontecer, acompanhe sua evolução e construa uma base sólida que te ajude a subir mais um degrau da sua escada de sucesso profissional.

As habilidades de comunicação podem ser exploradas em todos os lugares que você decidir estar: em uma negociação, em uma reunião, em uma conversa, e precisa gerar interesse nas pessoas para te ouvir. Sincronize a linguagem corporal, atitude e tom de voz potencializando seus resultados na comunicação.

CONCLUSÃO

"Rafaela, Rodrigo, terminei de ler o livro. Eu já estou pronto?"

O que podemos dizer é que você está em preparação. Neste livro foram compiladas informações de anos de trabalho e estudo dos dois autores, fundamentais para você começar a colocar em prática - e isso é OBRIGATÓRIO para o seu sucesso por meio da voz e da comunicação. Porém, o mais importante que foi exposto ao longo destas páginas está justamente na capacidade de se aprofundar no assunto, de ter um novo direcionamento.

Você subiu mais um degrau na sua escada do sucesso. Continue! Leia outros livros, participe de seminários, palestras, treinamentos, não se canse de ver vídeos, converse com profissionais de sua área e da comunicação; caso seja necessário, se consulte com um otorrinolaringologista, um fonoaudiólogo, um profissional da comunicação, um coach e outros profissionais que possam auxiliar na sua trajetória até o seu destino (sonhos).

Em nossas redes sociais, sempre postamos conteúdos novos para ajudar a potencializar os seus resultados, e estamos dispostos a conversar com você, a te ajudar. Somos acessíveis e ficamos sempre muito felizes em ver a evolução do nosso leitor.

Ame o seu destino, curta e celebre cada conquista, por menor que ela seja.

Esperamos de coração que esta leitura tenha sido útil na sua vida. Nos vemos por aí, até a próxima!

AGRADECIMENTOS – RAFAELA SALES

Ao meu despertar, com o chamado de Deus, que me capacitou a pensar grande, desde a infância, para ajudar pessoas, e me deu a oportunidade de cuidar do Projeto Social Lar de Amor pelo Mundo.

Aos meus pais, Evandro e Isabel, que sempre me apoiam, inspiram, acompanham e vibram com cada degrau que decido subir da minha escada do aprender ao empreender.

Aos meus irmãos, que são espelhos para minha motivação diária e não medem esforços para me ajudar.

A todos os meus familiares, representados pela minha Vovó Nina, que me ensinou a rezar, o valor da ética e da vida.

A todos os meus professores, mentores, coaches, que me ensinaram o poder que tem a comunicação. Na fonoaudiologia, representados pela professora Gisele Gasparino (in memoriam) e, no coaching, pelo coach Paulo Vieira (Febracis).

A Luiz Eduardo, meu filho, por ter um brilho único, olhar, sorriso e abraço que curam. Ele me blindou para eu não desistir de viver, por ampliar minha capacidade de ser uma mãe melhor todos os dias e cumprir minha missão.

Ao meu esposo, Rafael, que me ensinou o valor do trabalho, do amor, da automotivação e parceria.

A todos os meus clientes, parceiros, coaches, fornecedores, seguidores, leitores, consultores e aos profissionais da saúde, por contribuírem com minha performance para a realização desta obra.

Peço licença para honrar o comunicador Rodrigo Cruz, meu parceiro de trabalho, que olhou nos meus olhos e disse: "Eu estou aqui para juntos construirmos esta obra" (e eu, na mesma hora aceitei, agradeci pela confiança e já celebramos o primeiro degrau).

AGRADECIMENTOS - RODRIGO CRUZ

Primeiramente agradeço a Deus, por colocar tantos obstáculos em minha vida, todos para me fazer uma pessoa melhor, e por nunca desistir de mim e de nenhum de Seus filhos.

A meus pais, Castor Vilela (in memoriam) e Abigail Cruz, por me darem amor gratuito e uma base educacional tão sólida, apesar de todas as dificuldades.

A minha esposa, Crys Santana, pelo amor, companheirismo e por não me deixar desistir em nenhum momento da minha vida.

A minha pequena Manuela, por ter me apresentado sentimentos que eu nem sonhava que existiam, e por me brindar com seu sorriso todos os dias.

À nova alegria aqui de casa, minha pequena Melissa, por chegar para completar totalmente nossa família e irradiar cada cantinho do nosso lar com tanto amor.

A minha amiga e parceira Rafaela Sales, por dividir comigo todo o trabalho, processo criativo e técnico deste livro.

A meu amigo e compadre Giovanni Magnus, por ter o dom de me fazer um profissional melhor a cada conversa que temos, e por me inspirar tanto.

Ao irmão que a vida me deu, Hugo Chacon, por ter me dado, pelo seu carinho e pelas suas palavras, ânimo para seguir em frente, em um momento em que pensei em desistir de minha carreira.

A todos os meus contratantes, clientes e leitores, pois sem vocês nada disso faria sentido.

Aos meus familiares e amigos, que sabem que de alguma maneira são importantes para mim, mas que, por falta de espaço, vão me perdoar por não citá-los.

LEIA MAIS EM...

Rafaela Sales:

Estilo de vida:
5 dicas para construir
seu estilo e ser
muito mais feliz

Rodrigo Cruz:

Vencedor:
Como obter sucesso lutando MMA

7 passos para fazer um marketing pessoal de campeão e decolar na sua carreira

CONTATOS

Rafaela Sales:

📷 @rafaelasalessim
✉ metodosimesim@gmail.com

Rodrigo Cruz:

📷 @rodrigocruz84
✉ rodrigocruzredator@gmail.com